니어케이프 영어 숙어 파워 이디엄

니어케이프 영어 숙어 파워 이디움 800

발행	2022년 11월 6일
지은이	니어케이프 출판부
발행인	민현식
펴낸곳	도서출판 섬달
출판사등록	2022년 1월 7일 제2022-000038호
주소	인천시 서구 청라한내로 7
전화	070-8736-1492
홈페이지	http://nearcape.com
E-mail	againyourline@gmail.com
ISBN	979-11-977486-7-7(13740)
가격	6,000원

니어케이프 영어 숙어 파워 이디엄

구성및 이용안내

1. 단어 QR 코드를 실행시키세요.
교재의 내용이 원어민의 발음으로 재생됩니다.

2. 단어 테스트 QR 코드를 실행시키세요.
하나의 클립당 10개의 문항, 5단어로 구성되어
50개 단어씩 빠짐없이 체크할 수 있습니다.

3. 인터넷이 연결되어 있는 곳,
어디서나 휴대폰, PC를 쉬지 말고 암기하세요.

4. YOUTUBE로 암기하는
니어케이프 영어 어휘 어드밴스드 워즈

5. Easy to get, Effecient to get

수고하신 분들

기획 - 민병선
YOUTUBE 편집 - 진영귀
감수 - 민현식
교정 - 박인수
디자인 - 김선영
홍보 - 권지성

그외 니어케이프 출판부 여러분 감사합니다.

여느 날처럼 가게 문을 열자
10시쯤 네가 들어왔어

귀엽다고 할까 아니라고 할까

내 가게는 생존에 필요한 것들이 거의 갖춰진
편의점 같은 곳이었으니까
넌 그렇게 알고 짧은 탄식 소리를 내며 둘러 보더라
그러다가 쪼꼬렛이 든 과자와 우유를 들고 내게로 왔어

귀엽다고 할까 아니라고 할까
바코드를 찍으면서 생각했어

계산이 끝나고 양손에 먹을 것을 든 네가
어깨로 문을 밀고 나가자
찬바람이 불었고 난 생각했어

널 사랑했구나

NEARCAPE POWER IDIOM 1- 50

	WORDS	MEANING
1	abide by	(규칙, 약속 등을) 지키다
2	account for	설명하다, 비율을 차지하다
3	acquainted with	익숙하다
4	across-the-board	전면적인
5	all or nothing	전부냐 무냐의
6	all the same	그럼에도 불구하고
7	at first hand	직접적으로
8	at once	-하기도 하고 -하기도 한
9	at random	닥치는 대로
10	at large	일반적으로
11	at the mercy of	-에 좌우되어
12	attend on	돌보다
13	back out	(사업 등에서) 손을 떼다
14	beat about the bush	요점을 피하다
15	become of	-이 되다
16	be in labour	분만중인
17	be in his shoes	-의 입장이 되어
18	beef about	불평하다
19	blank out	정신이 멍해지다
20	blend in well	잘 조화되다
21	break out	발생하다
22	beyond the pale	일반적으로 용인될 수 없는
23	boil down to	결국 -가 되다
24	book up	예매로 매진되다, (사람이)바쁘다
25	bring about	발생시키다

6

NEARCAPE POWER IDIOM 26-50

	WORDS	MEANING
26	bring out	나타내다, 드러내다
27	bring up	내놓다
28	break in on	방해하다
29	by and by	잠시 후에
30	by no means	결코 -이 아닌
31	call a spade a spade	사실을 있는 그대로 말하다
32	call for	요구하다
33	call it a day	그만하다
34	call off	취소하다
35	carry out	이행하다
36	cash in on	-을 이용하다, -으로 벌다
37	catch on	이해하다
38	cling to	-에 달라붙다
39	be closeted with	-와 밀담을 나누다, 몰래 만나다
40	come by	얻다
41	come down with	병에 걸리다
42	compensate for	보상하다
43	come to the point	적절하다
44	come up against	곤란, 반대에 직면하다
45	come up with	제공하다, 제안하다
46	comply with	따르다
47	conceive of	생각해내다
48	cook one's goose	-의 계획, 평판, 희망을 망치다
49	cope with	대처하다
50	count on	의존하다

NEARCAPE POWER IDIOM 51-100

	WORDS	MEANING
51	cover a lot of ground	광범위에 걸치다
52	cross one's mind	생각이 나다
53	cut back on	-를 줄이다, 삭감하다
54	cut off	중단하다
55	be not cut out for	-에 적합하지 않다
56	day in and day out	매일
57	be dead set against	-에 반대하다
58	deal with	다루다, 취급하다
59	dispense with	-없이 지내다
60	dispose of	처분하다
61	do away with	제거하다
62	draw forth	(정보 등을) 이끌어내다
63	draw up a contract	계약서를 작성하다
64	drop a line	(편지를) 써 보내다
65	eat one's word	앞서 한 말을 취소하다
66	fall back on	의지하다
67	fall out	다투다
68	far from being	조금도 -아니다
69	feed on	-를 먹이로 하다
70	feed up with	진저리가 나다
71	feel for	동정하다
72	few and far between	아주 드문
73	for a song	헐값으로
74	for good	영원히
75	for the life of me	도저히, 아무리 해도

NEARCAPE POWER IDIOM 76-100

	WORDS	MEANING
76	for the long pull	장기적으로
77	fret over	안달하다
78	from scratch	아주 처음부터
79	gang up on	집단으로 습격하다
80	get a fix on	이해하다
81	get a grip on	이해, 파악하다
82	get ahead	출세하다
83	get away with	처벌받지 않고 넘어가다
84	get out of band	걷잡을 수 없게 되다
85	get the message across to	이해시키다
86	get along	살아가다
87	get cold feet	소심해지다
88	get even with	보복하다
89	get off the ground	이륙하다, (일이)진척되다
90	get on one's nerves	짜증나게 하다
91	get over	극복하다, 회복하다
92	get rid of	제거하다
93	get stuck	바가지 쓰다
94	get the edge on	능가하다
95	get the point	요점을 이해하다
96	get the picture	상황을 이해하다
97	get through with	끝내다
98	give a wide berth to	-를 피하다
99	give in to	굴복하다
100	give a hand	도와주다

NEARCAPE POWER IDIOM TEST 50

1. (A) (규칙, 약속 등을) 지키다
   (B) 익숙하다
   (C) 나타내다, 드러내다
   (D) 불평하다
   (E) 닥치는 대로

2. (A) 전부냐 무냐의
   (B) 발생시키다
   (C) 직접적으로
   (D) 돌보다
   (E) 잘 조화되다

3. (A) (사업 등에서) 손을 떼다
   (B) ~의 입장이 되어
   (C) -하기도 하고 -하기도 한
   (D) ~이 되다
   (E) 전면적인

4. (A) ~에 좌우되어
   (B) 분만중인
   (C) 일반적으로
   (D) 정신이 멍해지다
   (E) 발생하다

5. (A) 일반적으로 용인될 수 없는
   (B) 요점을 피하다
   (C) 그럼에도 불구하고
   (D) 결국~가 되다
   (E) 예매로 매진되다, (사람이)바쁘다

6. (A) 설명하다, 비율을 차지하다
   (B) 내놓다
   (C) 방해하다
   (D) 잠시 후에
   (E) 결코-이 아닌

7. (A) -의 계획, 평판, 희망을 망치다
   (B) 요구하다
   (C) 곤란, 반대에 직면하다
   (D) 제공하다, 제안하다
   (E) 이행하다

8. (A) ~을 이용하다, ~으로 벌다
   (B) 이해하다
   (C) ~에 달라붙다
   (D) -와 밀담을 나누다, 몰래 만나다
   (E) 얻다

9. (A) 병에 걸리다
   (B) 그만두다
   (C) 보상하다
   (D) 적절하다
   (E) 취소하다

10. (A) 따르다
    (B) 생각해내다
    (C) 사실을 있는 그대로 말하다
    (D) 대처하다
    (E) 의존하다

NEARCAPE POWER IDIOM TEST 100

1. (A) 광범위에 걸치다
   (B) ~를 줄이다, 삭감하다
   (C) 중단하다
   (D) ~에 적합하지 않다
   (E) 조금도~아니다

2. (A) 매일
   (B) ~에 반대하다
   (C) 다루다, 취급하다
   (D) 제거하다
   (E) 생각이 나다

3. (A) (정보 등을) 이끌어내다
   (B) 계약서를 작성하다
   (C) (편지를) 써 보내다
   (D) 앞서 한 말을 취소하다
   (E) 의지하다

4. (A) 처분하다
   (B) 다투다
   (C) ~없이 지내다
   (D) ~를 먹이로 하다
   (E) 진저리가 나다

5. (A) 동정하다
   (B) 아주 드문
   (C) 헐값으로
   (D) 영원히
   (E) 도저히, 아무리해도

6. (A) 장기적으로
   (B) 안달하다
   (C) 아주 처음부터
   (D) 집단으로 습격하다
   (E) 이해하다

7. (A) 이해, 파악하다
   (B) 출세하다
   (C) 바가지 쓰다
   (D) 처벌받지 않고 넘어가다
   (E) 능가하다

8. (A) 걷잡을 수 없게 되다
   (B) 이해시키다
   (C) 상황을 이해하다
   (D) 살아가다
   (E) 소심해지다

9. (A) 이룩하다, (일이)진척되다
   (B) ~를 피하다
   (C) 짜증나게 하다
   (D) 극복하다, 회복하다
   (E) 제거하다

10. (A) 요점을 이해하다
    (B) 끝내다
    (C) 보복하다
    (D) 굴복하다
    (E) 도와주다

NEARCAPE POWER IDIOM 101-150

	WORDS	MEANING
101	give birth to	낳다
102	give rise to	야기시키다
103	give up	포기하다
104	give vent to	(감정, 욕구를) 나타내다
105	give way to	무너지다, 굴복하다
106	go for	-에 들어맞다
107	go into	조사하다
108	go off	폭발하다, (말, 행동으로) 나타나다
109	go off the deep end	자제력을 잃다, 흥분하다
110	go out with	교제하다, (이성과) 나다니다
111	go over	신중히 살펴보다
112	go through the roof	(가격, 판매고가) 최고에 달하다
113	go through with	해내다, 완수하다
114	go out of	-에서 나가다, -에서 소멸하다
115	get carried away	넋을 잃다
116	put through	겪다
117	be as good as one's word	약속을 지키다
118	grasp at straws	지푸라기라도 잡으려고 하다
119	on hand	당장 이용할 수 있는
120	hand down	물려주다
121	hand in	제출하다
122	hand out	나누어 주다
123	hang in the balance	불안정한 상태에 있다
124	had words with	-와 말다툼하다
125	head off	막다, 저지하다

NEARCAPE POWER IDIOM 126-150

	WORDS	MEANING
126	hold up	강탈하다
127	holy grail	성배(聖杯) : 몹시 찾기를 원하던 것
128	keep an eye on	감시하다
129	keep one's head	침착을 지키다
130	keep somebody company	동행, 동반하다
131	keep in mind	명심하다
132	keep up with	따라가다
133	be keen on	-에 열중하다, 매우 좋아하다
134	hold back	억제하다, 숨기다
135	high and dry	(사람이) 버림받은, 고립된
136	hinge on	-에 달려있다
137	hold good	계속유효하다
138	hold out	버티다
139	at home in	정통하다
140	in full accord	만장일치의
141	in no time	곧
142	in spite of oneself	자기도 모르게
143	in terms of	-의 관점에서
144	be inured	-에 단련되다
145	lay off	해고하다
146	leave somebody in the lurch	곤경에 빠진 사람을 내버려두다
147	leave out of account	-를 고려하지 않다
148	lead off with	시작하다
149	leave out	빼다
150	let alone	-은 말할 것도 없이

NEARCAPE POWER IDIOM 151-200

	WORDS	MEANING
151	without let up	끊임없이
152	let up	(비, 눈 등이) 멎다, 약해지다
153	like clockwork	규칙적으로 정확히
154	little by little	조금씩
155	live up	즐거이 (사치스럽게)살다
156	look up to	존경하다
157	look forward to	고대하다
158	look over	대충 훑어보다
159	be lost in	몰두하다
160	lose one's face	체면을 잃다
161	lose one's temper	화를 내다
162	loses one's touch	-와 관계를 끊다
163	lose track	-를 잊어버리다
164	an awful lost of	매우 많은
165	make oneself at home	마음을 편안히 하다
166	make one's allowance for	고려하다
167	make a clean breast of	몽땅 털어놓다
168	make believe	-인 체하다
169	make do with	-로 때우다
170	make out	이해하다, -인 체하다
171	be made up of	구성되다
172	make up	꾸며대다
173	make peace with	화해하다
174	make up for	보충하다
175	meet somebody halfway	-와 타협하다

	WORDS	MEANING
176	mix up	혼동하다
177	be slipped one's mind	깜빡하다
178	of great moment	매우 중요한
179	in the neighborhood of	대략
180	next to	거의
181	raise a hue and cry	('도둑이야'하고) 고함치다
182	at odds over	의견이 일치하지 않는
183	once and for all	단호하게
184	on pins and needles	마음 졸이는
185	on the horns of a dilemma	진퇴양난에 빠진
186	on the spur of the moment	즉흥적으로
187	out of order	고장난
188	off and on	때때로, 불규칙하게
189	of one's own accord	자발적으로
190	on edge	초조한
191	out of the blue	뜻밖에
192	out of place	불편한, 어울리지 않는
193	out of question	확실한
194	out of stock	품절된
195	over and above	-에 더하여
196	part and parcel	중요 부분
197	pass away	죽다
198	pass out of existence	사라지다
199	pay attention to	주의
200	pay off	성과(효과)가 있다

NEARCAPE POWER IDIOM TEST 150

1. (A) 낳다
   (B) 포기하다
   (C) (감정, 욕구를)나타내다
   (D) 무너지다, 굴복하다
   (E) 지푸라기라도 잡으려고 하다

2. (A) ~에 들어맞다 .
   (B) 조사하다
   (C) 폭발하다, (말, 행동으로) 나타나다
   (D) 신중히 살펴보다
   (E) 야기 시키다

3. (A) (가격, 판매고가)최고에 달하다
   (B) 해내다, 완수하다
   (C) ㅡ에서 나가다, ㅡ에서 소멸하다
   (D) 넋을 잃다
   (E) 겪다

4. (A) 교제하다, (이성과)나다니다
   (B) 약속을 지키다
   (C) 자제력을 잃다, 흥분하다
   (D) 당장 이용할 수 있는
   (E) 물려주다

5. (A) 제출하다
   (B) 나누어 주다
   (C) 불안정한 상태에 있다
   (D) ㅡ와 말다툼하다
   (E) 막다, 저지하다

6. (A) 강탈하다
   (B) 성배(聖杯) : 몹시 찾기를 원하던 것
   (C) 감시하다
   (D) 침착을 지키다
   (E) 동행, 동반하다

7. (A) 명심하다
   (B) 따라가다
   (C) ~의 관점에서
   (D) ㅡ에 열중하다, 매우 좋아하다
   (E) ㅡ에 단련되다

8. (A) 억제하다, 숨기다
   (B) (사람이)버림받은, 고립된
   (C) 곤경에 빠진 사람을 내버려두다
   (D) ~에 달려있다
   (E) 계속유효하다

9. (A) 정통하다
   (B) 시작하다
   (C) 만장일치의
   (D) 곧
   (E) 자기도 모르게

10. (A) 해고하다
    (B) ㅡ를 고려하지 않다
    (C) 버티다
    (D) 빼다
    (E) ~은 말할 것도 없이

16

NEARCAPE POWER IDIOM TEST 200

1. (A) (비, 눈 등이) 멎다, 약해지다
   (B) 규칙적으로 정확히
   (C) 조금씩
   (D) 몽땅 털어놓다
   (E) 즐거이(사치스럽게)살다

2. (A) 존경하다
   (B) 고대하다
   (C) 체면을 잃다
   (D) 끊임없이
   (E) 화를 내다

3. (A) ~와 관계를 끊다
   (B) -를 잊어버리다
   (C) 매우 많은
   (D) 마음을 편안히 하다
   (E) 몰두하다

4. (A) 고려하다
   (B) 대충 훑어보다
   (C) ~인 체하다
   (D) ~로 때우다
   (E) 이해하다, -인 체하다

5. (A) 구성되다
   (B) 꾸며대다
   (C) 화해하다.
   (D) 보충하다
   (E) -와 타협하다.

6. (A) 혼동하다.
   (B) 깜빡하다
   (C) 매우 중요한
   (D) 대략
   (E) 거의

7. (A) ('도둑이야'하고)고함치다
   (B) 불편한, 어울리지 않는
   (C) 의견이일치하지 않는
   (D) 확실한
   (E) 단호하게

8. (A) 마음 졸이는
   (B) ~에 더하여
   (C) 진퇴양난에 빠진
   (D) 즉흥적으로
   (E) 때때로, 불규칙하게

9. (A) 죽다
   (B) 자발적으로
   (C) 초조한
   (D) 뜻밖에
   (E) 품절된

10. (A) 중요부분
    (B) 고장 난
    (C) 사라지다
    (D) 주의
    (E) 성과(효과)가 있다

NEARCAPE POWER IDIOM 201-250

	WORDS	MEANING
201	pay tribute to	경의를 표하다
202	pick on	괴롭히다
203	picture to oneself	상상하다
204	see into	조사하다
205	see to something	-하도록 하다
206	send for	-를 데리러 사람을 보내다
207	set back	좌절시키다, (진행을) 막다
208	set off	유발하다
209	settle for	불만이지만-를 받아들이다
210	the lion's share	가장 좋은(큰) 몫
211	shed light on	설명하다
212	show one's true colors	본색을 드러내다
213	stack up against	비교할만하다
214	at stake	위태로운
215	have more at stake	더 많은 것이 걸려있는
216	stand a chance of	가능성이 있다
217	stand for	나타내다
218	stand out	두드러지다
219	stand in a white sheet	회개하다, 참회하다
220	stand up for	지지하다
221	stay at	-에 묵다
222	a steady diet	꾸준한, 일정한
223	steer clear of	피하다
224	step on the gas	서두르다
225	stick to one's guns	입장을 고수하다

	WORDS	MEANING
226	stick-up	거만한
227	still in the air	결정을 못 본
228	straddle the fence	형세를 관망하다
229	straight from the shoulder	솔직하게
230	stumble upon	우연히 발견하다
231	in succession	연달아
232	take a dim view of	-를 비관(회의)적으로 보다
233	take a fancy to	좋아하다
234	take after	닮다
235	take down	기록하다
236	take one's fancy	-의 마음에 들다
237	take in	속이다
238	take in one's stride	-를 냉철하게 해내다
239	take into account	고려하다
240	to the point	적절한, 딱 들어맞는
241	take sides against	반대하다
242	take for granted	당연하게 받아들이다
243	take it	믿다, 받아들이다
244	take off	이륙하다
245	take on	떠맡다
246	take over	넘겨받다, 계승하다
247	take to	-를 좋아하다
248	take to one's heels	부리나케 달아나다
249	take up	(장소, 시간을) 차지하다
250	talk through one's hat	말도 안 되는 소리를 하다

NEARCAPE POWER IDIOM 251-300

	WORDS	MEANING
251	come to terms	타협하다, 화해하다
252	the apple of the eye	매우 소중한 것
253	on second thought	다시 잘 생각해보고
254	throw a fit	몹시 화내다
255	throw in the sponge	단념하다
256	throw in the towel	패배를 인정하다
257	tie up	방해하다
258	for the time being	당분간
259	in no time at all	금방, 곧
260	a good cause	좋은 목적을 위해
261	lose face	체면을 잃다
262	to no avail	무익한
263	take one's time	천천히 하다
264	tumble to	-를 문득 깨닫다
265	turn aside	벗어나다
266	turn a blind eye	보고도 못 본 체하다
267	turn down	거절하다
268	turn in	제출하다
269	turn out	참석하다
270	turn over a new leaf	새 출발을 하다
271	turn up	나타나다
272	up for grabs	누구나 손에 넣을 수 있는
273	up in the air	미결정인, 불확실한, 막연한
274	up to	-할 능력이 있는
275	up to something	(못된 일을) 꾸미는

NEARCAPE POWER IDIOM 276-300

	WORDS	MEANING
276	use up	다 써버리다
277	vie for	-를 놓고 경쟁하다
278	in the wake of	-의 뒤를 이어
279	on the wane	쇠퇴하고 있는
280	be in the way	방해하다
281	under way	진행 중인
282	go out of his way	각별히 노력하다
283	go through the motions	마지못해-하다, -하는 시늉을 하다
284	under the weather	몸 상태가 좋지 않은
285	well-to-do	부유한
286	On the whole	대체로
287	without fail	틀림없이
288	have words	-와 말다툼하다
289	wreak havoc on	파괴하다
290	zero in on	-에 주의를 집중하다
291	account for	설명하다, 비율을 차지하다, 유발하다
292	again and again	자꾸자꾸
293	all but impossible	거의 불가능한
294	all thumbs	손재주가 없는
295	be as good as one's word	약속을 잘 지키다
296	As often as not	자주
297	at odds	사이가 나쁜
298	beat about	이리저리 찾다
299	beat around the bush	말을 빙빙 둘러대다
300	break the ice	어려운 일을 본격적으로 시작하다

NEARCAPE POWER IDIOM TEST 250

1. (A) 경의를 표하다
   (B) 더 많은 것이 걸려있는
   (C) 조사하다
   (D) ~하도록 하다
   (E) ~를 데리러 사람을 보내다

2. (A) 나타내다
   (B) 두드러지다
   (C) 유발하다
   (D) 불만이지만~를 받아들이다
   (E) 가장 좋은(큰) 몫

3. (A) 설명하다
   (B) 괴롭히다
   (C) 위태로운
   (D) 가능성이 있다
   (E) 본색을 드러내다

4. (A) 회개하다, 참회하다
   (B) 지지하다
   (C) 좌절시키다, (진행을)막다
   (D) 상상하다
   (E) ~에 묵다

5. (A) 비교할만하다
   (B) 꾸준한, 일정한
   (C) 피하다
   (D) 서두르다
   (E) 입장을 고수하다

6. (A) 거만한
   (B) 결정을 못 본
   (C) 형세를 관망하다
   (D) 솔직하게
   (E) 우연히 발견하다

7. (A) 연달아
   (B) 당연하게 받아들이다
   (C) ~를 비관(회의)적으로 보다
   (D) 믿다, 받아들이다
   (E) 좋아하다

8. (A) 닮다
   (B) 떠맡다
   (C) 기록하다
   (D) ~의 마음에 들다
   (E) ~를 냉철하게 해내다

9. (A) ~를 좋아하다
   (B) 고려하다
   (C) 적절한, 딱 들어맞는
   (D) 반대하다
   (E) 이룩하다

10. (A) 넘겨받다, 계승하다
    (B) 속이다
    (C) 부리나케 달아나다
    (D) (장소, 시간을)차지하다
    (E) 말도 안 되는 소리를 하다

1. (A) 타협하다, 화해하다
   (B) 벗어나다
   (C) 몹시 화내다
   (D) 단념하다
   (E) 패배를 인정하다

2. (A) 거절하다
   (B) 제출하다
   (C) 당분간
   (D) 금방, 곧
   (E) 좋은 목적을 위해

3. (A) 체면을 잃다
   (B) 매우 소중한 것
   (C) -를 문득 깨닫다
   (D) 보고도 못 본체하다
   (E) 무익한

4. (A) 참석하다
   (B) 새 출발을 하다
   (C) 방해하다
   (D) 다시 잘 생각해보고
   (E) 나타나다

5. (A) 천천히 하다
   (B) 누구나 손에 넣을 수 있는
   (C) 미결정인, 불확실한, 막연한
   (D) ~할 능력이 있는
   (E) (못된 일을)꾸미는

6. (A) 다 써버리다
   (B) ~을 놓고 경쟁하다
   (C) ~의 뒤를 이어
   (D) 쇠퇴하고 있는
   (E) 방해하다

7. (A) 진행 중인
   (B) 자꾸자꾸
   (C) 각별히 노력하다
   (D) 거의 불가능한
   (E) 마지못해-하다, -하는 시늉을 하다

8. (A) 몸 상태가 좋지 않은
   (B) 약속을 잘 지키다
   (C) 부유한
   (D) 대체로
   (E) ~와 말다툼하다

9. (A) 사이가 나쁜
   (B) 파괴하다
   (C) ~에 주의를 집중하다
   (D) 설명하다, 비율을 차지하다, 유발하다
   (E) 손재주가 없는

10. (A) 자주
    (B) 틀림없이
    (C) 이리저리 찾다
    (D) 말을 빙빙 둘러대다
    (E) 어려운 일을 본격적으로 시작하다

	WORDS	MEANING
301	bustle about	분주히 돌아다니다
302	by choice	자발적으로
303	by the skin of my teeth	간신히
304	call one another names	욕하다
305	carry out	실행하다
306	catch on	유행하다, -에 적응하다
307	cater to	영합하다
308	come to pass	(사건이) 일어나다
309	have come under fire	집중포화를 받다, 비난받다
310	come upon	만나다
311	coincide with	동시에 일어나다, 일치하다
312	come down with	병에 걸리다
313	come into one's own	자기의 역량을 충분히 발휘하다
314	come to terms with	(사태 등을) 감수하다, 타협하다
315	come to the fore	두드러지다
316	come up with	제안하다
317	cede to	양도하다
318	comply with	(규칙, 명령 등에) 따르다
319	compose oneself	마음을 가라앉히다
320	cope with	대처하다
321	delve into	탐구하다
322	dispense with	-없이 살다(지내다)
323	dispose of	처분하다
324	drive home	납득(통감)시키다
325	dwell on	숙고하다

	WORDS	MEANING
326	factor in	계산에 넣다
327	fend for	돌보다
328	for good	영원히
329	from scratch	맨 처음부터
330	gain ground	우세해지다, 유행하다
331	get even with	복수(보복)하다
332	get the hang of	-의 요령을 터득하다
333	go against the grain of	-의 성미에 맞지 않는다, -와 모순되다
334	go by	-에 따라 행동하다
335	get around	(법률, 책임 등을) 잘 피하다
336	get away with	처벌을 모면하다
337	get in the way of	방해하다
338	get one's back up	화나게 하다
339	give a wide berth to	-를 멀리하다, 피하다
340	give somebody a ring	전화하다
341	go up and down	오르락내리락 하다
342	hand in	제출하다
343	have one's hands full	몹시 바쁘다
344	head off	떠나다, 저지하다
345	in a bind	속박되어, 곤경에 처하여
346	in conjunction with	-와 함께, -와 관련하여
347	in deep water	매우 곤란한
348	in full accord in	완전히 일치하는
349	in high relief	아주 돋보이게, 눈에 띄게
350	in large measure	대부분

NEARCAPE POWER IDIOM 351-400

	WORDS	MEANING
351	in the foreseeable future	가까운 장래에 머지않아
352	be inconsistent with	모순되다
353	jack up	들어 올리다
354	jot down	적어두다, 메모하다
355	keep a straight face	진지한 표정을 유지하다
356	keep somebody company	-와 동행하다
357	keep close tabs on	-를 감시하다
358	knock up	급히 만들다
359	let somebody down	실망시키다
360	let up	그치다
361	lose one's mind	미치다
362	make any difference	차이가 있다
363	make something of oneself	출세하다
364	make it up	보충하다, 날조하다
365	measure up to	-에 들어맞다, 부합하다
366	meddle with	쓸데없이 참견하다
367	meet the mark	목표에 도달하다
368	muster up	모으다, 소집하다
369	next to	거의
370	of one's own accord	자발적으로
371	on pain of	위반하면-라는 조건으로
372	on pins and needles	안절부절못하는
373	on the fence	관망하고 있는
374	on the go	끊임없이 활동하는(일하는)
375	of a kind	독특한

NEARCAPE POWER IDIOM 376-400

	WORDS	MEANING
376	out of bounds	출입금지의
377	palm off	가짜를 속여 팔다
378	pass over	무시하다, 못 본 체하다
379	pay off	좋은 결과를 낳다
380	phase out	단계적으로 제거하다
381	pitch in	협력하다
382	play it by ear	임기응변으로 처리하다
383	prop up	떠받치다
384	pull a long face	우울한(슬픈)얼굴을 하다
385	pull oneself together	냉정을 되찾다, 침착해지다
386	pull one's fingers out	(다시 한번)열심히 일하기 시작하다
387	put it in the black	흑자가 되게 하다
388	put off	연기하다
389	put up with	참다
390	rack one's brains	머리를 짜내다
391	rank second to none	어느 것에도 뒤지지 않는다
392	resort to	(폭력, 파업 등) 달갑지 않은 수단에 호소하다
393	rule out	배제하다
394	run down	헐뜯다, 비방하다
395	be scared stiff	몹시 놀라게 하다
396	set off	유발(촉발)하다
397	single out	고르다
398	stand up for	옹호하다
399	sit on the fence	형세를 관망하다
400	slack off	부진해지다

1. (A) 분주히 돌아다니다
   (B) 제안하다
   (C) 실행하다
   (D) 유행하다, ~에 적응하다
   (E) 영합하다

2. (A) (규칙, 명령 등에) 따르다
   (B) 마음을 가라앉히다
   (C) (사건이)일어나다
   (D) 집중포화를 받다, 비난받다
   (E) 몹시 바쁘다

3. (A) 동시에 일어나다, 일치하다
   (B) 자발적으로
   (C) 두드러지다
   (D) 양도하다
   (E) 자기의 역량을 충분히 발휘하다

4. (A) 대처하다
   (B) 탐구하다
   (C) -와 함께, -와 관련하여
   (D) 간신히
   (E) -없이 살다(지내다)

5. (A) (사태 등을)감수하다, 타협하다
   (B) 처분하다
   (C) 납득(통감)시키다
   (D) 숙고하다
   (E) 계산에 넣다

6. (A) 돌보다
   (B) 영원히
   (C) 맨 처음부터
   (D) 우세해지다, 유행하다
   (E) 복수(보복)하다

7. (A) -의 요령을 터득하다
   (B) 떠나다, 저지하다
   (C) -의 성미에 맞지 않는다, -와 모순 되다
   (D) 만나다
   (E) -에 따라 행동하다

8. (A) (법률, 책임 등을)잘 피하다
   (B) 매우 곤란한
   (C) 처벌을 모면하다
   (D) 방해하다
   (E) -를 멀리하다, 피하다

9. (A) 욕하다
   (B) 전화하다
   (C) 오르락내리락 하다
   (D) 제출하다
   (E) 속박되어, 곤경에 처하여

10. (A) 병에 걸리다
    (B) 화나게 하다
    (C) 완전히 일치하는
    (D) 아주 돋보이게, 눈에 띄게
    (E) 대부분

NEARCAPE POWER IDIOM TEST 400

1. (A) 가까운 장래에 머지않아
   (B) -에 들어맞다, 부합하다
   (C) 적어두다, 메모하다
   (D) 진지한 표정을 유지하다
   (E) 부진해지다

2. (A) 목표에 도달하다
   (B) 모으다, 소집하다
   (C) 급히 만들다
   (D) 몹시 놀라게 하다
   (E) 실망시키다

3. (A) 그치다
   (B) 고르다
   (C) 보충하다, 날조하다
   (D) 쓸데없이 참견하다
   (E) 차이가 있다

4. (A) 거의
   (B) 자발적으로
   (C) -와 동행하다
   (D) 모순 되다
   (E) 위반하면-라는 조건으로

5. (A) 출세하다
   (B) 안절부절못하는
   (C) 관망하고 있는
   (D) 끊임없이 활동하는(일하는)
   (E) 독특한

6. (A) 출입금지의
   (B) 가짜를 속여 팔다
   (C) 무시하다, 못 본 체하다
   (D) 좋은 결과를 낳다
   (E) 단계적으로 제거하다

7. (A) 협력하다
   (B) 어느 것에도 뒤지지 않는다
   (C) 임기응변으로 처리하다
   (D) (폭력, 파업 등)달갑지 않은 수단에 호소하다
   (E) 떠받치다

8. (A) 우울한(슬픈)얼굴을 하다
   (B) 헐뜯다, 비방하다
   (C) 냉정을 되찾다, 침착해지다
   (D) (다시 한번)열심히 일하기 시작하다
   (E) 미치다

9. (A) -를 감시하다
   (B) 연기하다
   (C) 참다
   (D) 머리를 짜내다
   (E) 배제하다

10. (A) 유발(촉발)하다
    (B) 흑자가 되게 하다
    (C) 옹호하다
    (D) 들어올리다
    (E) 형세를 관망하다

NEARCAPE POWER IDIOM 401-450

	WORDS	MEANING
401	steal away	몰래 떠나다
402	steep in	-에 깊이 빠지다, 몰두하다
403	take down	받아 적다
404	take against	반항하다
405	take on	다투다
406	take precautions	-를 경계(조심)하다
407	talk shop	자기의 사업이야기만을 하다
408	tease out	(정보를)어떻게 해서든지 빼내다
409	tie the knot	결혼하다
410	tie up	-로 꼼짝 못하게 하다
411	to tone in with	-와 색이 조화되다
412	touch off	유발하다
413	trace to	규명하다
414	turn aside	벗어나다
415	turn into	-로 변하다
416	turn up	나타나다
417	under his breath	작은 목소리로
418	under the guise of	-를 가장하여
419	use up	다 써버리다
420	ward off	막다
421	wear his heart on his sleeve	감정을 숨김없이 드러내다
422	weed out	제거하다
423	worn out	지치게 하다, 닳아빠지게 하다
424	wipe away	제거하다
425	with a vengeance	심하게, 격렬하게

NEARCAPE POWER IDIOM 426-450

	WORDS	MEANING
426	without limits	무한한
427	wrap it up	끝내다
428	zero in on	집중하다
429	dressed to the teeth	비싼 옷을 입은
430	dressed to kill	끝내주게 차려입은
431	come apart at the seams	(계획 등이) 무산되다
432	wear the pants	좌지우지하다
433	pull the wool over someone's eyes	사실이 아닌 것을 믿게 하다
434	Knock someone's socks off	-를 놀라게 하다
435	keep one's shirt on	화내지 마시오, 참고 견디다
436	laugh in one's sleeve	몰래 웃다
437	have something up one's sleeve	적당한 때를 위해 비밀로 하다
438	hot under the collar	화가난
439	talk through one's hat	헛소리하다
440	be left holding the bag	남아서 모든 책임을 떠맡게 되다
441	take the Fifth	묵비권을 행사하다
442	give someone the benefit of the doubt	속는 셈 치고 믿어보다
443	run the gauntlet of	심한 비난을 받다
444	throw down the gauntlet	도전장을 내다
445	face the music	자신이 한 일의 결과를 감수하다
446	be caught red-handed	현장에서 잡히다
447	do an about-face	태도를 바꾸다
448	give someone the creeps	-를 섬뜩하게 하다
449	out of harm's way	위험 지역 밖에
450	settle the score	묵은 셈을 치르다

	WORDS	MEANING
451	say(cry) uncle	항복하다
452	get something off one's chest	속 시원히 털어놓다
453	keep one's chin up	힘을 내다
454	knuckle under	굴복하다
455	feel in one's bones	직감하다
456	keep a stiff upper lip	이를 악물고 어려움을 참다
457	on one's toes	조심하는
458	at the top of one's lungs	목청껏
459	grease(oil) someone's palm	-에게 뇌물을 주다
460	sit on one's hands	빈둥거리다
461	not have a leg to stand on	입증할 만한 근거가 없다
462	pull someone's leg	희롱하다
463	get(have) cold feet	겁먹다
464	drag one's feet(heels)	늑장부리다
465	dig in one's heels	자기주장을 굽히지 않다
466	on the heels of	-의 바로 뒤를 이어
467	work one's fingers to the bone	뼈 빠지게 일하다
468	all thumbs	서투른
469	a green thumb(fingers)	식물재배의 뛰어난 재능
470	turn thumbs down	반대하다
471	jump out of one's skin	(놀람, 기쁨 따위로) 펄쩍 뛰다
472	save one's skin	무사히 빠져나오다
473	get under one's skin	-를 화나게 하다
474	split hairs	쓸데없이 따지다
475	see eye to eye	의견이 완전히 일치하다

	WORDS	MEANING
476	eyeball to eyeball	얼굴을 맞대고, 직접적인 대결
477	an eye-opener	경이로운 일
478	the apple of one's eye	매우 소중한 것
479	raise one's eyebrows	놀라게 하다
480	a flea in one's ear	듣기 싫은 소리
481	turn a deaf ear to	못들은 척하다
482	keep one's ears to the ground	여론에 귀를 기울이다
483	down in the mouth	슬픈
484	put one's foot in one's mouth	말을 함부로 하다
485	speak with a forked tongue	거짓말하다
486	bite one's tongue	침묵하다
487	jump down someone's throat	-를 심하게 야단치다
488	have a frog in one's throat	목이 쉬다
489	in the teeth of	-에도 불구하고
490	lie through one's teeth	의도적으로 거짓말을 하다
491	by the skin of one's teeth	간신히
492	fight tooth and nail	총력을 기울여 싸우다
493	cut off one' nose to spite one's face	혹 떼려다가 혹 붙이는 격이 되다
494	pay through the nose	바가지 쓰다
495	have(pull, make, wear) a long face	우울한 얼굴을 하다
496	keep a straight face	웃음을 참다
497	till one is blue in the face	귀에 못이 박히도록
498	cut a figure	두각을 나타내다
499	stick one's neck out	모험을 하다
500	go to one's head	자만하다

33

NEARCAPE POWER IDIOM TEST 450

1. (A) -에 깊이 빠지다, 몰두하다
   (B) 나타나다
   (C) 태도를 바꾸다
   (D) 다투다
   (E) 위험 지역 밖에

2. (A) -를 가장하여
   (B) 다 써버리다
   (C) 자기의 사업 이야기만을 하다
   (D) (정보를)어떻게 해서든지 빼내다
   (E) -로 꼼짝 못하게 하다

3. (A) -와 색이 조화되다
   (B) 받아 적다
   (C) -로 변하다
   (D) 작은 목소리로
   (E) 규명하다

4. (A) 막다
   (B) 감정을 숨김없이 드러내다
   (C) -를 경계(조심)하다
   (D) 반항하다
   (E) 제거하다

5. (A) 벗어나다
   (B) 지치게 하다, 닳아빠지게 하다
   (C) 제거하다
   (D) 심하게, 격렬하게
   (E) 무한한

6. (A) 끝내다
   (B) 집중하다
   (C) 비싼옷을 입은
   (D) 끝내주게 차려입은
   (E) (계획등이)무산되다

7. (A) 좌지우지하다
   (B) 심한 비난을 받다
   (C) 사실이 아닌 것을 믿게 하다
   (D) 도전장을 내다
   (E) -를 놀라게 하다

8. (A) 화내지 마시오, 참고 견디다
   (B) 현장에서 잡히다
   (C) 몰래 웃다
   (D) 적당한 때를 위해 비밀로 하다
   (E) 헛소리하다

9. (A) 유발하다
   (B) 남아서 모든 책임을 떠맡게 되다
   (C) 묵비권을 행사하다
   (D) 속는 셈 치고 믿어보다
   (E) 자신이 한 일의 결과를 감수하다

10. (A) 결혼하다
    (B) 화가 난
    (C) -를 섬뜩하게 하다
    (D) 몰래 떠나다
    (E) 묶은 셈을 치르다

NEARCAPE POWER IDIOM TEST 500

1. (A) 항복하다
   (B) ~의 바로 뒤를 이어
   (C) 웃음을 참다
   (D) 이를 악물고 어려움을 참다
   (E) 총력을 기울여 싸우다

2. (A) 서투른
   (B) 식물재배의 뛰어난 재능
   (C) ~에게 뇌물을 주다
   (D) 빈둥거리다
   (E) 입증할 만한 근거가 없다

3. (A) 희롱하다
   (B) 속 시원히 털어놓다
   (C) 자기주장을 굽히지 않다
   (D) 뼈 빠지게 일하다
   (E) 겁먹다

4. (A) 반대하다
   (B) (놀람, 기쁨 따위로)펄쩍 뛰다
   (C) 조심하는
   (D) 굴복하다
   (E) 무사히 빠져나오다

5. (A) 늑장부리다
   (B) ~를 화나게 하다
   (C) 쓸데없이 따지다
   (D) 의견이 완전히 일치하다
   (E) 얼굴을 맞대고, 직접적인 대결

6. (A) 경이로운 일
   (B) 매우 소중한 것
   (C) 놀라게 하다
   (D) 듣기 싫은 소리
   (E) 못들은 척 하다

7. (A) 여론에 귀를 기울이다
   (B) 목청껏
   (C) 슬픈
   (D) 바가지 쓰다
   (E) 말을 함부로 하다

8. (A) 거짓말하다
   (B) 귀에 못이 박히도록
   (C) 침묵하다
   (D) ~를 심하게 야단치다
   (E) ~에도 불구하고

9. (A) 두각을 나타내다
   (B) 의도적으로 거짓말을 하다
   (C) 간신히
   (D) 혹 떼려다가 혹 붙이는 격이 되다
   (E) 우울한 얼굴을 하다

10. (A) 직감하다
    (B) 목이 쉬다
    (C) 힘을 내다
    (D) 모험을 하다
    (E) 자만하다

NEARCAPE POWER IDIOM 501-550

	WORDS	MEANING
501	off the tip of one's head	즉석에서
502	bite one's head off	발끈 화내며 대꾸하다
503	rack one's brains over something	-를 생각해 내려고 머리를 쥐어짜다
504	wear one's heart on one's sleeve	감정을 노골적으로 나타내다
505	One's heart is in one's mouth	가슴이 조마조마하다
506	have one's heart set on something	-를 몹시 바라다
507	eat one's heart out	부러워 죽을 지경이다
508	bank on	-를 믿다
509	drive a hard bargain	흥정을 철저히 하다
510	foot the bill	지불하다
511	up for grabs	갖는 사람이 임자인
512	eke out a living	겨우 입에 풀칠을 하다
513	pick up the tab	도맡아 계산하다
514	rip someone off	속이다
515	feel like two cents	당황하다
516	a dime a dozen	별로 가치가 없는
517	flip the coin	동전을 던져 결정하다
518	money to burn	남아돌 정도의 돈
519	go without a hitch	순조롭게 진행되다
520	play hooky	농땡이 치다
521	get the hang(knack) of something	요령이 생기다
522	long on A, short on B	A에 능한 반면, B는 부족하다
523	a jack-of-all-trades	팔방미인
524	make a short work of	-를 빨리 끝내다
525	throw a monkey wrench into the works	일을 방해하다

NEARCAPE POWER IDIOM 526-550

	WORDS	MEANING
526	climb the walls	몹시 괴롭다, 무엇인가를 필사적으로 하다
527	drive someone up the wall	-를 미치게 만들다
528	knock one's head against the wall	헛수고 하다
529	off-the-wall	이상한
530	call someone on the carpet	-를 호출하여 문책하다
531	climb the corporate ladder	출세 가도를 달리다
532	whitewash	실수를 덮어버리다
533	go out of the window	효력이나 관습이 없어지다
534	run in the family	유전되다
535	have a skeleton in the closet	남의 이목을 꺼리는 집안의 비밀이 있다
536	green-eyed monster	질투심
537	green with envy	부러워 질투하는
538	come home to someone	-의 가슴에 사무치다
539	Peeping Tom	남의 침실을 몰래 훔쳐보는 남성
540	born with a silver spoon in ones' mouth	부유한 집 출신인
541	pop the question	청혼하다
542	crack someone up	-를 배꼽잡게 웃기다
543	have(get) a crush on	-에 반하다
544	take French leave	말없이 돌아가다
545	hit it off	장단이 척척맞다
546	read someone loud and clear	-가 하는 말을 분명하게 이해하다
547	pay lip service to something	말만 번지르르하게 하다
548	a party pooper	파티의 분위기를 망치는 사람
549	pep talk	격려의 말
550	keep a low profile	조용히 지내다

	WORDS	MEANING
551	get the lowdown on	-의 내막(진상)을 알다
552	soft-soap someone	-를 추켜올리다
553	get the picture	이해하다
554	cut someone down to size	-의 코를 납작하게 해주다
555	set the record straight	오해를 바로잡다
556	a wet blanket	흥을 깨는 사람
557	white lie	선의의 거짓말
558	I'll eat my hat if	- 만약-이라면 손에 장을 지지겠다
559	have words with someone	-와 다투다
560	a household word	삼척동자도 아는 말
561	weight one's words	말조심하다
562	high and dry	안전한
563	high and low	샅샅이
564	go out on a limb	모험을 하다
565	a feather in one's cap	자랑거리
566	pull up stakes	이사 가다
567	paint the town red	술 마시고 흥청대며 법석을 떨다
568	fall(go) off the wagon	나쁜 습성에 다시 빠지다
569	dry run	예행연습
570	harp on the same string	같은 말을 귀찮을 정도로 되뇌다
571	bring down the house	만장의 갈채를 받다
572	on the nose	정확하게
573	play it by ear	사정되는 대로 하다
574	pull strings	뒤에서 조종하다
575	swan song	최후의 작품

NEARCAPE POWER IDIOM 576-600

	WORDS	MEANING
576	change one's tune	태도를 바꾸다
577	wing it	임시변통으로 하다
578	My ears are burning	누가 내 말을 하는가 본데
579	raise Cain	큰 소동을 일으키다
580	throw dust in one's eyes	남의 눈을 속이다
581	cut the Gordian knot	대담한 조치로 어려운 문제를 단번에 해결하다
582	keep(have) one's fingers crossed	행운을 빌다
583	have an itching palm	뇌물을 받다
584	left-handed compliment	악의 있는 칭찬
585	break a leg	행운을 빌다
586	a mixed blessing	병 주고 약 주는 일
587	a red-letter day	기념할 만한 날
588	in seventh heaven	매우 행복한
589	a thorn in one's flesh	골칫거리
590	rob Pater to pay Paul	빚을 얻어 빚을 갚다
591	knock on wood	악운을 쫓기 위해 나무를 두드리다
592	rest on one's laurels	성공에 도취하다
593	flex one's muscles	힘을 과시하다
594	the name of the game	승패를 판가름하는 관건
595	a tug of war	줄다리기
596	win by a whisker	근소한 차로 이기다
597	go for it	용기를 갖고 한번 시도해 보다
598	jump the gun	조급하게 굴다
599	toe the line(mark)	규칙을 따르다
600	shake a leg	서두르다

NEARCAPE POWER IDIOM TEST 550

1. (A) 즉석에서
   (B) 별로 가치가 없는
   (C) -에 반하다
   (D) 가슴이 조마조마하다
   (E) -를 몹시 바라다

2. (A) 남아돌 정도의 돈
   (B) 순조롭게 진행되다
   (C) 파티의 분위기를 망치는 사람
   (D) 흥정을 철저히 하다
   (E) 지불하다

3. (A) 겨우 입에 풀칠을 하다
   (B) 발끈 화내며 대꾸하다
   (C) 당황하다
   (D) 동전을 던져 결정하다
   (E) 도맡아 계산하다

4. (A) 농땡이 치다
   (B) 요령이 생기다
   (C) -를 믿다
   (D) 감정을 노골적으로 나타내다
   (E) A에 능한 반면, B는 부족하다

5. (A) 속이다
   (B) 팔방미인
   (C) -를 빨리 끝내다
   (D) 일을 발해하다
   (E) 몹시 괴롭다, 무엇인가를 필사적으로 하다

6. (A) -를 미치게 만들다
   (B) 헛수고 하다
   (C) 이상한
   (D) -를 호출하여 문책하다
   (E) 부러워 죽을 지경이다

7. (A) 출세 가도를 달리다
   (B) -를 배꼽 잡게 웃기다
   (C) 실수를 덮어버리다
   (D) 말없이 돌아가다
   (E) 효력이나 관습이 없어지다

8. (A) 유전되다
   (B) -가 하는 말을 분명하게 이해하다
   (C) 남의 이목을 꺼리는 집안의 비밀이 있다
   (D) 질투심
   (E) -의 가슴에 사무치다

9. (A) 갖는 사람이 임자인
   (B) 남의 침실을 몰래 훔쳐보는 남성
   (C) 부유한 집 출신인
   (D) 청혼하다
   (E) 장단이 척척 맞다

10. (A) 말만 번지르르하게 하다
    (B) 부러워 질투하는
    (C) -를 생각해 내려고 머리를 쥐어짜다
    (D) 격려의 말
    (E) 조용히 지내다

NEARCAPE POWER IDIOM TEST 600

1. (A) -의 내막(진상)을 알다
   (B) 이사 가다
   (C) 오해를 바로잡다
   (D) 규칙을 따르다
   (E) 흥을 깨는 사람

2. (A) 나쁜 습성에 다시 빠지다
   (B) 예행연습
   (C) 만약-이라면 손에 장을 지지겠다
   (D) -와 다투다
   (E) 줄다리기

3. (A) 안전한
   (B) 이해하다
   (C) 자랑거리
   (D) 술 마시고 흥청대며 법석을 떨다
   (E) 살살이

4. (A) 같은 말을 귀찮을 정도로 되뇌다
   (B) 만장의 갈채를 받다
   (C) 선의의 거짓말
   (D) -의 코를 납작하게 해주다
   (E) 정확하게

5. (A) 모험을 하다
   (B) 사정되는 대로 하다
   (C) 뒤에서 조종하다
   (D) 최후의 작품
   (E) 태도를 바꾸다

6. (A) 임시변통으로 하다
   (B) 누가 내 말을 하는가 본데
   (C) 큰 소동을 일으키다
   (D) 남의 눈을 속이다
   (E) 대담한 조치로 어려운 문제를 단번에 해결하다

7. (A) 행운을 빌다
   (B) 성공에 도취하다
   (C) 뇌물을 받다
   (D) 힘을 과시하다
   (E) 악의 있는 칭찬

8. (A) 행운을 빌다
   (B) 근소한 차로 이기다
   (C) 병 주고 약 주는 일
   (D) 기념할 만한 날
   (E) 골칫거리

9. (A) -를 추켜올리다
   (B) 빚을 얻어 빚을 갚다
   (C) 삼척동자도 아는 말
   (D) 악운을 쫓기 위해 나무를 두드리다
   (E) 승패를 판가름하는 관건

10. (A) 용기를 갖고 한번 시도해 보다
    (B) 매우 행복한
    (C) 조급하게 굴다
    (D) 말조심하다
    (E) 서두르다

NEARCAPE POWER IDIOM 601-650

	WORDS	MEANING
601	have a lot on the ball	유능하다
602	keep the ball rolling	계속 진행되게 하다
603	lead with one's chin	경솔히 행동하다
604	straight from the shoulder	솔직히
605	throw one's hat in the ring	출마를 발표하다
606	bail out	금융 구제하다
607	fly by the seat of one's pants	도움 없이 경험에 의해 하다
608	go off the deep end	지나치게 열중하다
609	down the drain	낭비하여
610	a drop in the bucket	새 발의 피
611	know the ropes(score)	-에 정통하다
612	on the rocks	좌초하여, 얼음을 넣은
613	in the wake of	-에 뒤이어
614	Shape up or ship out	똑바로 하든지 아니면 그만둬라
615	rock the boat	공연한 문제를 야기 시키다
616	fish in troubled water	혼란을 틈타 자신의 이익을 얻다
617	by hook or by crook	어떻게 해서든
618	off the hook	책임(위기, 곤란)을 벗어나
619	hold water	물이 새지 않다
620	break the ice	딱딱한 분위기를 부드럽게 하다
621	go against the grain	성격(성미)에 맞지 않다
622	a chip off the old block	아버지를 꼭 닮은 아들
623	bite the dust	실패하다
624	hear through the grapevine	소문으로 듣다
625	have one's feet on the ground	현실적이다

NEARCAPE POWER IDIOM 626-650

	WORDS	MEANING
626	leave no stone unturned	샅샅이 조사하다
627	blow one's top	발끈하다
628	between a rock and a hard place	사면초가의 입장인
629	nip in the bud	봉오리를 따다
630	crop up	갑자기 생기다
631	let the grass grow under one's feet	시간을 낭비하다
632	hedge one's bet	(재정적인 손실을 막기 위해) 양쪽에 걸다
633	sow one's wild oats	젊어서 못되고 어리석은 짓을 하다
634	burn one's bridges	돌이킬 수 없는 실수를 저지르다
635	cut corners	돈(시간, 노력)을 줄이다
636	follow in someone's footsteps	전례를 따르다
637	roll out the red carpet	환영하다
638	hit the road	길을 떠나다
638	in a rut	판에 박힌
640	in one piece	무사히
641	blow(let) off steam	긴장을 풀다
642	thumb a ride	무임 편승하다
643	go out of one's way to	- 특별히 애쓰다
644	a back-seat driver	운전사에 대해 이래라 저래라 잔소리를 하는 사람
645	gear up	준비하다
646	give (someone) the green light	허가해 주다
647	pork barrel	주민에게 환심을 사기 위해 입안하는 법안이나 정책
648	red tape	(관청의)형식주의
649	rubber stamp	형식적인 승인
650	stamp out	-를 근절하다

NEARCAPE POWER IDIOM 651-700

	WORDS	MEANING
651	go over like a lead ballon	열렬한 호응을 얻지 못하다
652	have an ax to grind	마음속에 딴 속셈이 있다
653	bury the hatchet	화해하다
654	put a damper on something	-에 찬물을 끼얹다
655	Saturday night special	싸구려 소형 권총
656	smoking gun	확실한(반박의 여지가 없는)증거
657	stick to one's guns	자신의 입장을 고수하다
658	a flash in the pan	불발
659	hit the bull's eye	명중하다
660	hit the spot	적중하다
661	shoot from the hip	솔직히 얘기하다
662	beat someone to the draw(punch)	-보다 한 발 앞서다
663	a basket case	사지를 절단한 환자
664	bit the bullet	이를 악물고 어려움을 참다
665	kick the bucket	죽다(저속한 말)
666	hit the nail on the head	핵심을 찌르다
667	get on one's nerves	신경을 건드리다
668	a pain in the neck	골칫거리
669	a shot in the arm	활력소
670	a sight for sore eyes	가뭄 끝에 단비같이 반가운 일
671	vent one's spleen	화를 벌컥 내다
672	cut someone dead	-를 보고서도 전혀 모르는 체하다
673	catch one's breath	한숨 돌리다
674	save one's breath	잠자코 있다
675	push someone's buttons	-를 조종하다

	WORDS	MEANING
676	can't hold a candle(stick) to something	-와는 비교도 안 된다
677	burn the candle at both ends	과로하여 기력을 소비하다
678	hammer out	합의를 보다
679	mint-condition	최신품인
680	go haywire	(전자제품 등이) 이상 기능을 나타내다
681	look for a needle in a haystack	찾기 힘든 것을 찾다
682	the nuts and bolts	조직의 기초적이고 필수적인 요소
683	scratch the surface	수박 겉핥기 식이다
684	at the eleventh hour	가까스로
685	in no time	순식간에
686	in the nick of time	바로 결정적인 순간에 아슬아슬하게
687	deja vu	경험이 없는 것을 이미 경험한 것으로 느끼는 착각
688	bona fide	진실한
689	come to grips with it	문제의 해결에 힘쓰다
690	nitpick	사소한 것을 따지다
691	cross one's mind	생각이 문득 떠오르다
692	mind one's P's and Q's	예의 바르게 행동하다
693	ill at ease	불안한, 편하지 못한
694	drive home the point	핵심을 찌르다
695	a bolt out of the blue	전혀 예상 밖의 일
696	in(like) a flash	순식간에
697	on cloud nine	무척 기쁜
698	a fair-weather friend	가짜 친구
699	snowed under	해야 할 일이 산더미 같이 쌓여 있는
700	rain cats and dogs	비가 억수로 내리다

1. (A) 계속 진행되게 하다
    (B) 똑바로 하든지 아니면 그만둬라
    (C) 출마를 발표하다
    (D) – 특별히 애쓰다
    (E) 금융 구제하다

2. (A) 책임(위기, 곤란)을 벗어나
    (B) 물이 새지 않다
    (C) 지나치게 열중하다
    (D) –를 근절하다.
    (E) 새 발의 피

3. (A) –에 정통하다
    (B) 경솔히 행동하다
    (C) –에 뒤이어
    (D) 어떻게 해서든
    (E) 좌초하여, 얼음을 넣은

4. (A) 딱딱한 분위기를 부드럽게 하다
    (B) 성격(성미)에 맞지 않다
    (C) 도움 없이 경험에 의해 하다
    (D) 솔직히
    (E) 아버지를 꼭 닮은 아들

5. (A) (관청의) 형식주의
    (B) 실패하다
    (C) 소문으로 듣다
    (D) 현실적이다
    (E) 샅샅이 조사하다

6. (A) 발끈하다
    (B) 사면초가의 입장인
    (C) 봉오리를 따다
    (D) 갑자기 생기다
    (E) 시간을 낭비하다

7. (A) (재정적인 손실을 막기 위해) 양쪽에 걸다
    (B) 운전사에 대해 이래라 저래라 잔소리를 하는 사람
    (C) 젊어서 못되고 어리석은 짓을 하다
    (D) 공연한 문제를 야기 시키다
    (E) 돌이킬 수 없는 실수를 저지르다

8. (A) 돈(시간, 노력)을 줄이다
    (B) 허가해 주다
    (C) 전례를 따르다
    (D) 환영하다
    (E) 판에 박힌

9. (A) 주민에게 환심을 사기 위해 입안하는 법안이나 정책
    (B) 무사히
    (C) 긴장을 풀다
    (D) 무임 편승하다
    (E) 준비하다

10. (A) 낭비하여
    (B) 길을 떠나다
    (C) 유능하다
    (D) 혼란을 틈타 자신의 이익을 얻다
    (E) 형식적인 승인

NEARCAPE POWER IDIOM TEST 700

1. (A) 열렬한 호응을 얻지 못하다
   (B) 핵심을 찌르다
   (C) 해야 할 일이 산더미 같이 쌓여 있는
   (D) 예의 바르게 행동하다
   (E) 확실한(반박의 여지가 없는)증거

2. (A) 골칫거리
   (B) 활력소
   (C) 명중하다
   (D) 적중하다
   (E) 솔직히 얘기하다

3. (A) -보다 한 발 앞서다
   (B) 화해하다
   (C) 죽다(저속한 말)
   (D) 신경을 건드리다
   (E) 사지를 절단한 환자

4. (A) 가뭄 끝에 단비같이 반가운 일
   (B) 화를 벌컥 내다
   (C) 자신의 입장을 고수하다
   (D) -에 찬물을 끼얹다
   (E) -를 보고서도 전혀 모르는 체하다

5. (A) 이를 악물고 어려움을 참다
   (B) 한 숨 돌리다
   (C) 잠자코 있다
   (D) -를 조종하다
   (E) -와는 비교도 안 된다

6. (A) 과로하여 기력을 소비하다
   (B) 합의를 보다
   (C) 최신품인
   (D) (전자제품 등이) 이상 기능을 나타내다
   (E) 찾기 힘든 것을 찾다

7. (A) 조직의 기초적이고 필수적인 요소
   (B) 불발
   (C) 수박 겉핥기 식이다
   (D) 불안한 편하지 못한
   (E) 가까스로

8. (A) 순식간에
   (B) 전혀 예상 밖의 일
   (C) 바로 결정적인 순간에 아슬아슬하게
   (D) 경험이 없는 것을 이미 경험한 것으로 느끼는 착각
   (E) 문제의 해결에 힘쓰다

9. (A) 무척 기본
   (B) 사소한 것을 따지다
   (C) 싸구려 소형 권총
   (D) 생각이 문득 떠오르다
   (E) 핵심을 찌르다

10. (A) 순식간에
    (B) 진실한
    (C) 가짜 친구
    (D) 마음속에 딴 속셈이 있다
    (E) 비가 억수로 내리다

NEARCAPE POWER IDIOM 701-750

	WORDS	MEANING
701	bring home the bacon	생활비를 벌다
702	a baker's dozen	빵집의 한 다스
703	bite more than one can chew	무리하게 욕심을 내다
704	make no bones about something	솔직하게 말하다
705	the cream of the crop	최고
706	eat crow	마지못해 잘못을 인정하다
707	eat like a horse	굉장히 많이 먹다
708	eat like a bird	식사를 아주 조금만 하다
709	drink(coffee) on the house	무료로 제공되는 술(커피)
710	have egg on one's face	자신의 실수로 창피스럽게 생각하다
711	in a jam	곤란한 처지에
712	in a (pretty) pickle	난처한
713	go to pot	파멸하다
714	raise a stink	평판을 나쁘게 하다
715	one's eyes are bigger than one's stomach	음식에 너무 욕심을 내다
716	turn one's stomach	구역질나게 하다
717	a lemon	결함 있는 차
718	as cool as a cucumber	아주 침착한
719	a hot potato	뜨거운 감자
720	spill the beans	비밀을 누설하다
721	be nuts about something or someone	-에 미친 듯이 몰두하다
722	in a nutshell	간단히 말해서
723	beef about	불평하다
724	beef up	강화하다
725	can't have one's cake and eat it too	상반되는 두 가지를 모두 가질 수는 없다

	WORDS	MEANING
726	sell like hot cakes	불티나게 팔리다
727	easy as pie	아주 쉬운
728	eat humble pie	굴욕을 감수하다
729	crocodile tears	거짓 눈물
730	have a bone to pick with someone	-에게 따질 일이 있다
731	white elephant	아무런 가치도 없이 돈만 들어가는 것
732	the last straw	더 이상 못 참게 만드는 일
733	buy a pig in a poke	잘 살펴보지 않고 물건을 사다
734	with one' tail between one's legs	기가 죽어서
735	can't make head or tail of	-를 전혀 모르다
736	black sheep	말썽꾼
737	play possum	죽은 체하다
738	wet behind the ears	풋내기의
739	smell a rat	수상쩍게 여기다
740	have ants in one's pants	하고 싶어 좀이 쑤시다
741	make a beeline for something	-으로 직행하다
742	have butterflies in one's(the) stomach	속이 안 좋다
743	fly in the ointment	옥에 티
744	the birds and the bees	성교육에서 가르치는 성지식
745	for the birds	가치 없는
746	ferret out	흰 족제비로 사냥하다
747	take someone under one's wing	-를 잘 보살펴 주다
748	sound fishy	수상쩍게 돌리다
749	a fish out of water	물을 떠난 물고기(신세)
750	do(try) something cold turkey	(나쁜 습관이나 버릇 등을) 단칼에 끊어 버리다

NEARCAPE POWER IDIOM 751-800

	WORDS	MEANING
751	talk turkey	솔직하게 말하다
752	let the cat out of the bag	비밀을 누설하다
753	a copy cat	모방자
754	straight from the horse's mouth	당사자로부터 직접
755	jockey for position	자리다툼하다
756	cool one's heels	기다리다
757	Hobson's choice	선택의 여지가 전혀 없는 것
758	put the cart before the horse	일의 순서를 바꾸다
759	beat a dead horse	헛수고하다
760	look a gift horse in the mouth	선물에 대해 이러쿵 저러쿵 트집을 잡다
761	take the bull by the horn	과감하게 행동하다
762	see red	몹시 화를 내다
763	maverick	소유자의 낙인이 없는 송아지
764	by the book	정식으로
765	cook one's goose	-의 희망(계획, 명성 따위) 을 망쳐놓다
766	keep up with the Joneses	물질적으로 남에게 뒤떨어지지 않다
767	the lion's share	가장 큰 몫
768	make a clean breast of	-를 속 시원히 털어놓다
769	pass the buck to someone	-에게 책임을 전가하다
770	cash in one's chips	죽다
771	have a chip on one's shoulder	앙심을 품다
772	behind the eightball	난처한 상황에
773	hit the jackpot	많은 금액의 상금을 타다
774	pull a fast one someone	-를 감쪽같이 속이다
775	showdown	막판의 대결

NEARCAPE POWER IDIOM 776-800

	WORDS	MEANING
776	call the shots(tune)	주도권을 쥐다
777	have two strikes against someone	매우 불리한 입장에 있다
778	follow suit	남이 하는 대로 한다
779	walk a tightrope	중립을 지키다
780	jump on the bandwagon	여러 사람이 하는 대로 따르다
781	pay the piper	비용을 부담하다
782	wipe out	완전히 파괴하다
783	think the world of someone	-를 세상에 둘도 없이 소중하게 생각하다
784	out of this world	아주 훌륭한
785	come out of nowhere	갑자기 나타나다
786	out of sorts	기분이 나쁜
787	call someone names	욕하다
788	take something with a grain of salt	-를 의심하며 받아들이다
789	flip one's lid	몹시 화를 내다
790	Pyrrhic victory	막대한 희생을 치르고 얻은 승리
791	go up in smoke	실패로 끝나다
792	a red herring	사람의 주의를 딴 데로 돌리는 것
793	have cold feet	망설이다
794	gild the lily	격찬하다
795	steal one's thunder	남의 생각을 가로채다
796	make bricks without straw	필요한 재료도 없이 만들려 하다
797	wash dirty linen in public	집안의 수치를 외부에 드러내다
798	draw in one's horns	자제하다
799	It's ill wind that blows nobody good	갑의 손해는 을의 이득
800	a lick and a promise	(일을) 대강대강 해치우기

NEARCAPE POWER IDIOM TEST 750

1. (A) 생활비를 벌다
   (B) 구역질나게 하다
   (C) 최고
   (D) –를 잘 보살펴 주다
   (E) 굉장히 많이 먹다

2. (A) 아주 침착한
   (B) 뜨거운 감자
   (C) 무료로 제공되는 술(커피)
   (D) 자신의 실수로 창피스럽게 생각하다
   (E) 곤란한 처지에

3. (A) 난처한
   (B) 빵집의 한 다스
   (C) 음식에 너무 욕심을 내다
   (D) 결함 있는 차
   (E) 파멸하다

4. (A) 비밀을 누설하다
   (B) –에 미친 듯이 몰두하다
   (C) 가치 없는
   (D) 솔직하게 말하다
   (E) 간단히 말해서

5. (A) 평판을 나쁘게 하다
   (B) 불평하다
   (C) 강화하다
   (D) 상반되는 두 가지를 모두 가질 수는 없다
   (E) 불티나게 팔리다

6. (A) 아주 쉬운
   (B) 굴욕을 감수하다
   (C) 거짓 눈물
   (D) –에게 따질 일이 있다
   (E) 아무런 가치도 없이 돈만 들어가는 것

7. (A) 더 이상 못 참게 만드는 일
   (B) 식사를 아주 조금만 하다
   (C) 잘 살펴보지 않고 물건을 사다
   (D) 옥에 티
   (E) 기가 죽어서

8. (A) –를 전혀 모르다
   (B) 성교육에서 가르치는 성지식
   (C) 말썽꾼
   (D) 죽은 체하다
   (E) 수상쩍게 여기다

9. (A) 무리하게 욕심을 내다
   (B) 하고 싶어 좀이 쑤시다
   (C) –으로 직행하다
   (D) 속이 안 좋다
   (E) 마지못해 잘못을 인정하다

10. (A) 흰 족제비로 사냥하다
    (B) 풋내기의
    (C) 수상쩍게 돌리다
    (D) 물을 떠난 물고기(신세)
    (E) (나쁜 습관이나 버릇 등을) 단칼에 끊어 버리다

NEARCAPE POWER IDIOM TEST 800

1. (A) 솔직하게 말하다
   (B) 물질적으로 남에게 뒤떨어지지 않다
   (C) 자리다툼하다
   (D) 갑의 손해는 을의 이득
   (E) 기다리다

2. (A) −를 속 시원히 털어놓다
   (B) −에게 책임을 전가하다
   (C) 헛수고하다
   (D) 선물에 대해 이러쿵저러쿵 트집을 잡다
   (E) 과감하게 행동하다

3. (A) 몹시 화를 내다
   (B) 비밀을 누설하다
   (C) −의 희망(계획, 명성 따위)을 망쳐놓다
   (D) 가장 큰 몫
   (E) 소유자의 낙인이 없는 송아지

4. (A) 죽다
   (B) 양심을 품다
   (C) 선택의 여지가 전혀 없는 것
   (D) 당사자로부터 직접
   (E) 난처한 상황에

5. (A) 정식으로
   (B) 많은 금액의 상금을 타다
   (C) −를 감쪽같이 속이다
   (D) 막판의 대결
   (E) 주도권을 쥐다

6. (A) 매우 불리한 입장에 있다
   (B) 남이 하는 대로 한다
   (C) 중립을 지키다
   (D) 여러 사람이 하는 대로 따르다
   (E) 비용을 부담하다

7. (A) 완전히 파괴하다
   (B) 망설이다
   (C) −를 세상에 둘도 없이 소중하게 생각하다
   (D) 격찬하다
   (E) 아주 훌륭한

8. (A) 갑자기 나타나다
   (B) 일의 순서를 바꾸다
   (C) 기분이 나쁜
   (D) 욕하다
   (E) 몹시 화를 내다

9. (A) 집안의 수치를 외부에 드러내다
   (B) 막대한 희생을 치르고 얻은 승리
   (C) 실패로 끝나다
   (D) 사람의 주의를 딴 데로 돌리는 것
   (E) 남의 생각을 가로채다

10. (A) 필요한 재료도 없이 만들려 하다
    (B) −를 의심하며 받아들이다
    (C) 자제하다
    (D) 모방자
    (E) (일을)대강대강 해치우기

NEARCAPE POWER IDIOM ANSWER SHEET

1회 - 50

1	2	3	4	5	6	7	8	9	10
(B)	(A)	(D)	(B)	(A)	(C)	(D)	(B)	(E)	(B)

2회 - 100

11	12	13	14	15	16	17	18	19	20
(A)	(C)	(B)	(E)	(D)	(A)	(E)	(B)	(D)	(B)

3회 - 150

21	22	23	24	25	26	27	28	29	30
(C)	(D)	(E)	(B)	(E)	(A)	(C)	(D)	(E)	(D)

4회 - 200

31	32	33	34	35	36	37	38	39	40
(C)	(C)	(B)	(E)	(A)	(A)	(D)	(D)	(E)	(C)

5회 - 250

41	42	43	44	45	46	47	48	49	50
(C)	(B)	(A)	(A)	(B)	(A)	(C)	(D)	(B)	(C)

6회 - 300

51	52	53	54	55	56	57	58	59	60
(C)	(A)	(B)	(B)	(E)	(E)	(A)	(D)	(E)	(A)

7회 - 350

61	62	63	64	65	66	67	68	69	70
(D)	(A)	(E)	(E)	(A)	(A)	(B)	(D)	(C)	(A)

8회 - 400

71	72	73	74	75	76	77	78	79	80
(B)	(C)	(A)	(D)	(E)	(A)	(E)	(D)	(C)	(A)

9회 - 450

81	82	83	84	85	86	87	88	89	90
(A)	(E)	(B)	(D)	(D)	(A)	(D)	(E)	(C)	(E)

10회 - 500

91	92	93	94	95	96	97	98	99	100
(A)	(C)	(B)	(E)	(D)	(C)	(B)	(A)	(E)	(D)

11회 - 550

101	102	103	104	105	106	107	108	109	110
(A)	(B)	(C)	(E)	(D)	(E)	(D)	(A)	(C)	(B)

12회 - 600

111	112	113	114	115	116	117	118	119	120
(E)	(D)	(A)	(C)	(B)	(A)	(D)	(B)	(E)	(E)

13회 - 650

121	122	123	124	125	126	127	128	129	130
(C)	(D)	(D)	(B)	(A)	(A)	(E)	(E)	(B)	(A)

14회 - 700

131	132	133	134	135	136	137	138	139	140
(C)	(A)	(E)	(E)	(B)	(B)	(D)	(A)	(D)	(E)

15회 - 750

141	142	143	144	145	146	147	148	149	150
(A)	(B)	(E)	(B)	(A)	(C)	(E)	(E)	(D)	(C)

16회 - 800

151	152	153	154	155	156	157	158	159	160
(E)	(E)	(B)	(A)	(A)	(D)	(D)	(D)	(C)	(C)